Impressum
Verlag: BABADADA GmbH, Nedderfeld 112 , 22529 Hamburg
Geschäftsführer / Verlagsleitung: Harald Hof
Druck: Books on Demand GmbH, In de Tarpen 42, 22848 Norderstedt

Imprint
Publisher: BABADADA GmbH, Nedderfeld 112 , 22529 Hamburg, Germany
Managing Director / Publishing direction: Harald Hof
Print: Books on Demand GmbH, In de Tarpen 42, 22848 Norderstedt, Germany

школа

sekolah

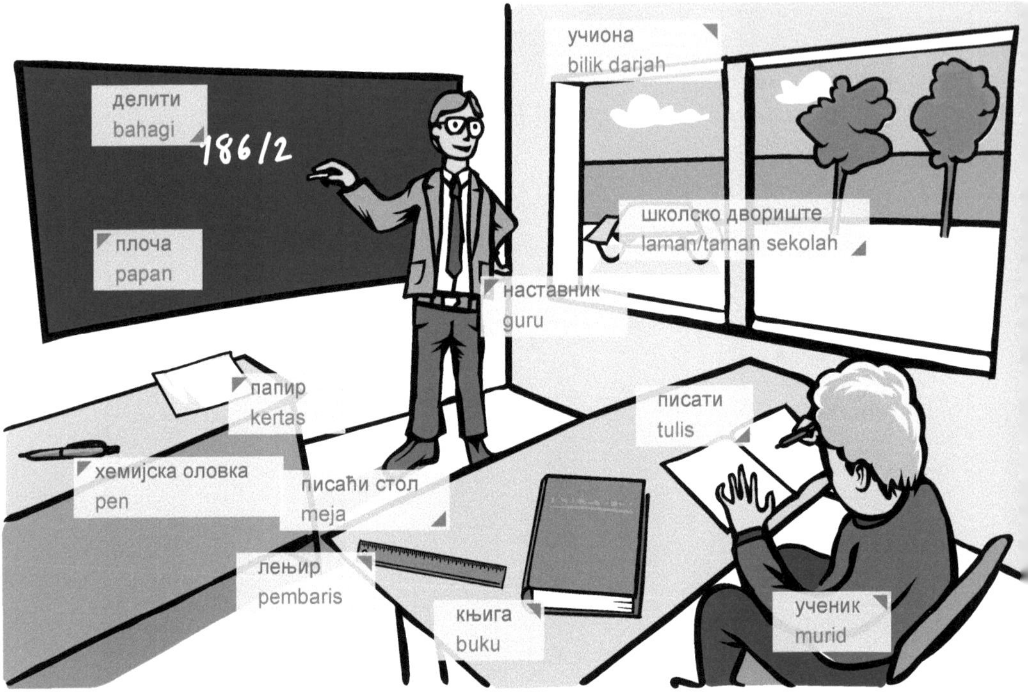

делити
bahagi
186/2
учиона
bilik darjah
плоча
papan
школско двориште
laman/taman sekolah
наставник
guru
папир
kertas
писати
tulis
хемијска оловка
pen
писаћи стол
meja
лењир
pembaris
књига
buku
ученик
murid

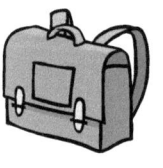

торба

beg galas

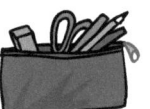

перница

kotak pensel

графитна оловка

pensel

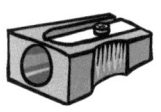

шиљило за оловке

pengasah pensel

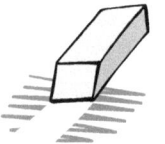

гумица за брисање

pemadam

блок за цртање

kertas lukisan

цртеж

melukis

кист

berus lukis

кутија са бојама

kotak warna

маказе

gunting

лепило

gam

бележница

buku latihan

домаћи задатак

kerja rumah

12

број

nombor

2+2

сабирати

tambah

5-2

одузимати

tolak

2×2

множити

darab

рачунати

kira

A

слово

huruf

ABCDEFG HIJKLMN OPQRSTU VWXYZ

абецеда

abjad

hello

реч

kata

текст
teks

читати
baca

креда
kapur

час
pelajaran

дневник
daftar

испит
peperiksaan

сведочанство
sijil

школска униформа
uniform sekolah

образовање
pendidikan

лексикон
ensiklopedia

универзитет
universiti

микроскоп
mikroskop

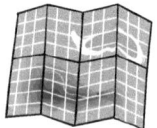

карта
peta

кошара за папир
bakul sampah

хотел
hotel

Grand

пренoћиштe
asrama

ROOMS

мeњачница
pejabat tukaran mata wang

EXCHANGE

D

кофер
beg pakaian

ауто
kereta

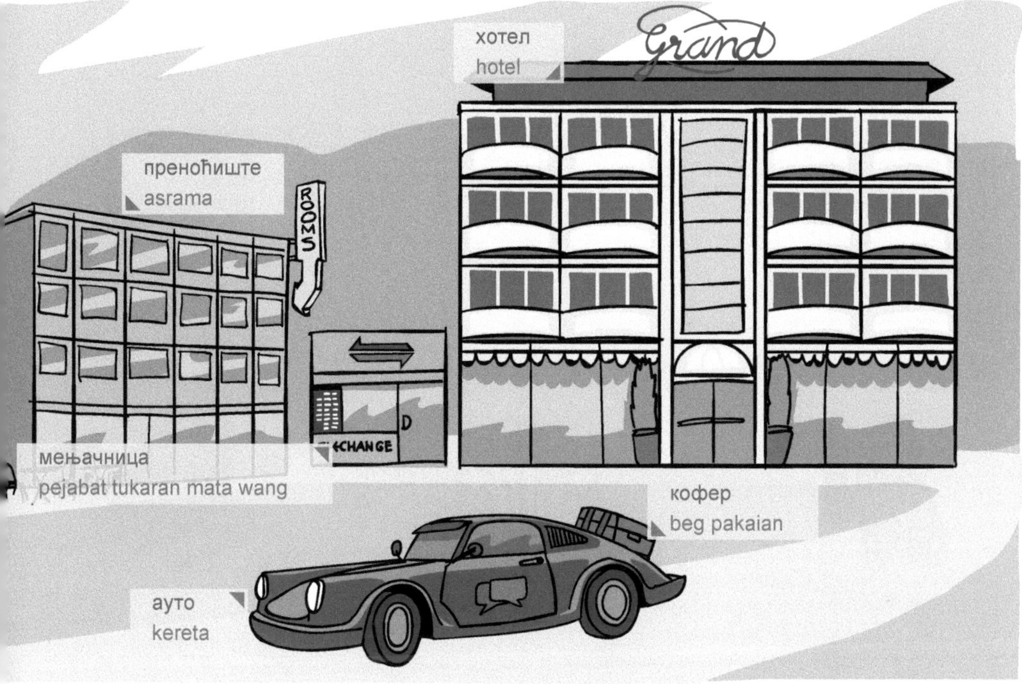

језик
bahasa

да / не
ya / tidak

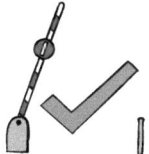

океј
okey

здраво
helo

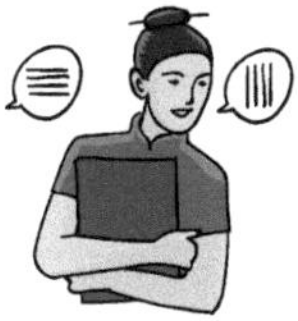

преводилац
penterjemah

хвала
Terima kasih

Колико кошта...?

berapa banyak...?

не разумем

saya tidak faham

проблем

masalah

добро вече!

Selamat petang!

Добро јутро!

Selamat Pagi!

Лаку ноћ!

Selamat Malam!

довиђења

selamat tinggal

смер

arah

пртљага

bagasi

торба

beg

руксак

beg galas

гост

tetamu

соба

bilik tidur

врећа за спавање

beg tidur

шатор

khemah

туристичке информације

maklumat pelancong

плажа

pantai

кредитна картица

kad kredit

доручак

sarapan

ручак

makan tengah hari

вечера

makan malam

карта за вожњу

tiket

лифт

lif

поштанска маркица

setem

граница

sempadan

царина

kastam

амбасада

kedutaan

виза

visa

пасош

pasport

транспорт

pengangkutan

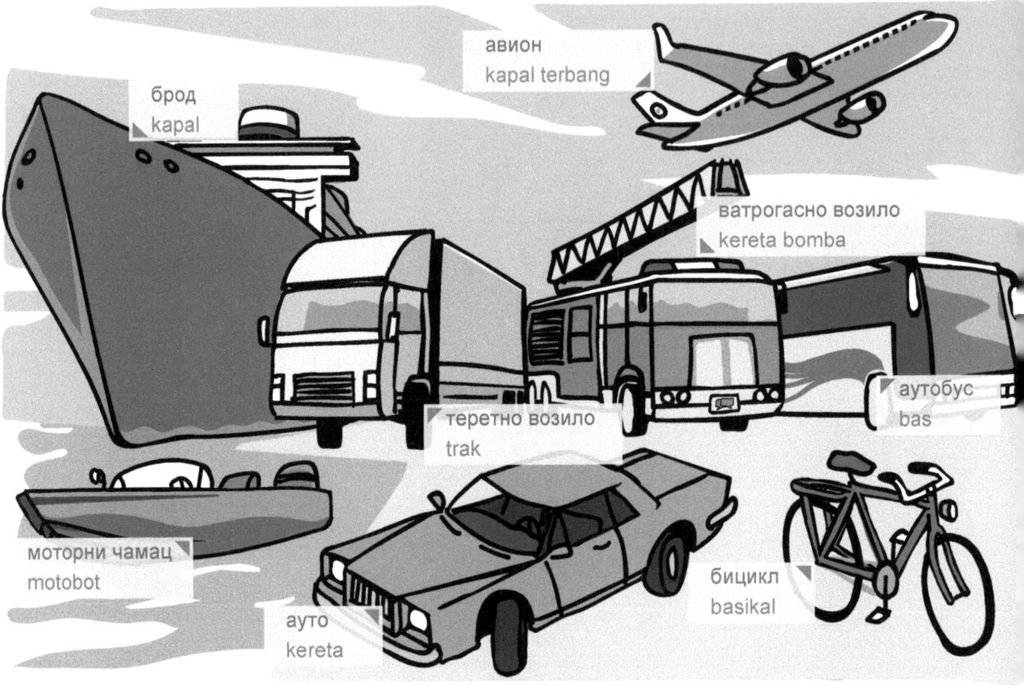

авион
kapal terbang
брод
kapal
ватрогасно возило
kereta bomba
аутобус
bas
теретно возило
trak
моторни чамац
motobot
бицикл
basikal
ауто
kereta

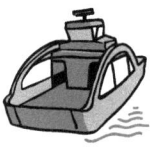

трајект

feri

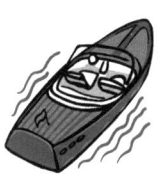

чамац

bot

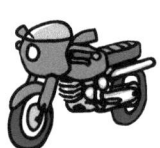

мотоцикл

motosikal

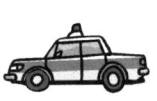

полицијски ауто

kereta polis

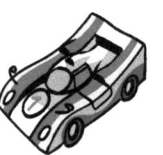

тркаћи ауто

kereta lumba

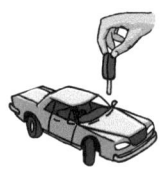

изнајмљено ауто

kereta sewa

дељење аутомобила

berkongsi kereta

вучно возило

trak tunda

возило за одвоз смећа

trak menolak

мотор

motor

бензин

bahan api

бензинска станица

stesen minyak

саобраћајни знак

tanda trafik

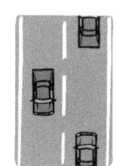

саобраћај

trafik

застој

kesesakan lalu lintas

паркиралиште

tempat parkir

железничка станица

stesen kereta api

шине

trek

воз

kereta api

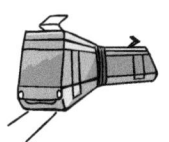

трамвај

trem

вагон

gerabak

хеликоптер

helikopter

аеродром

lapangan terbang

кула

Menara

путник

penumpang

контејнер

bekas

картон

kadbod

колица

kart

корпа

bakul

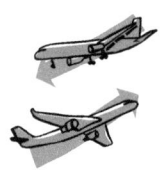

узлетети / слетети

berlepas / mendarat

град

bandar

село

kampung

центар града

pusat bandar

кућа

rumah

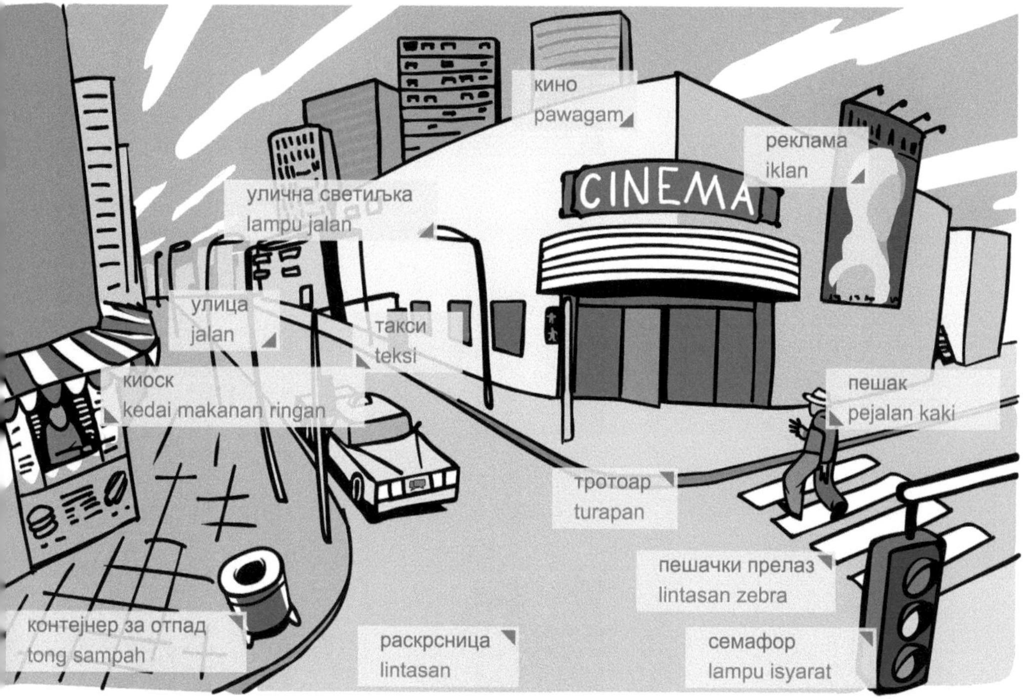

кино
pawagam

реклама
iklan

улична светиљка
lampu jalan

CINEMA

улица
jalan

такси
teksi

киоск
kedai makanan ringan

пешак
pejalan kaki

тротоар
turapan

пешачки прелаз
lintasan zebra

контејнер за отпад
tong sampah

раскрсница
lintasan

семафор
lampu isyarat

колиба
pondok

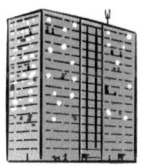

стан
flat

железничка станица
stesen kereta api

већница
dewan bandar

музеј
muzium

школа
sekolah

универзитет

universiti

банка

bank

болница

hospital

хотел

hotel

апотека

farmasi

канцеларија

pejabat

књижара

kedai buku

продавница

kedai

цвећара

kedai bunga

супермаркет

pasar raya

трг

pasaran

робна кућа

gedung

рибарница

penjual ikan

трговачки центар

pusat membeli-belah

лука

pelabuhan

парк

taman

клупа

bangku

мост

jambatan

степенице

tangga

подземна железница

bawah tanah

тунел

terowong

аутобуска станица

hentian bas

бар

bar

ресторан

restoran

поштанско сандуче

peti surat

улични знак

papan tanda jalan

паркирни аутомат

meter parkir

зоолошки врт

zoo

базен

kolam renang

џамија

masjid

град - bandar

сеоско газдинство

ladang

загађење околине

pencemaran

гробље

tanah perkuburan

црква

gereja

игралиште

taman permainan

храм

kuil

пејсаж
landskap

лист
daun

путоказ
tiang tanda

пут
jalan

ливада
padang rumput

камен
batu

дрво
pokok

шетач
pejalan kaki

река
sungai

трава
rumput

цвет
bunga

долина

lembah

планина

bukit

језеро

tasik

шума

hutan

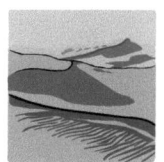

пустиња

padang pasir

вулкан

gunung berapi

дворац

istana

дуга

pelangi

гљива

cendawan

палма

pokok kelapa sawit

москито

nyamuk

мува

terbang

мрав

semut

пчела

lebah

паук

labah-labah

буба

kumbang

жаба

katak

веверица

tupai

јеж

landak

зец

arnab

сова

burung hantu

птица

burung

лабуд

angsa

дивља свиња

babi jantan

јелен

rusa

лос

moose

насип

empangan

ветрењача

turbin angin

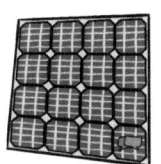

соларна плоча

panel solar

клима

iklim

ресторан

restoran

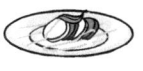

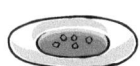

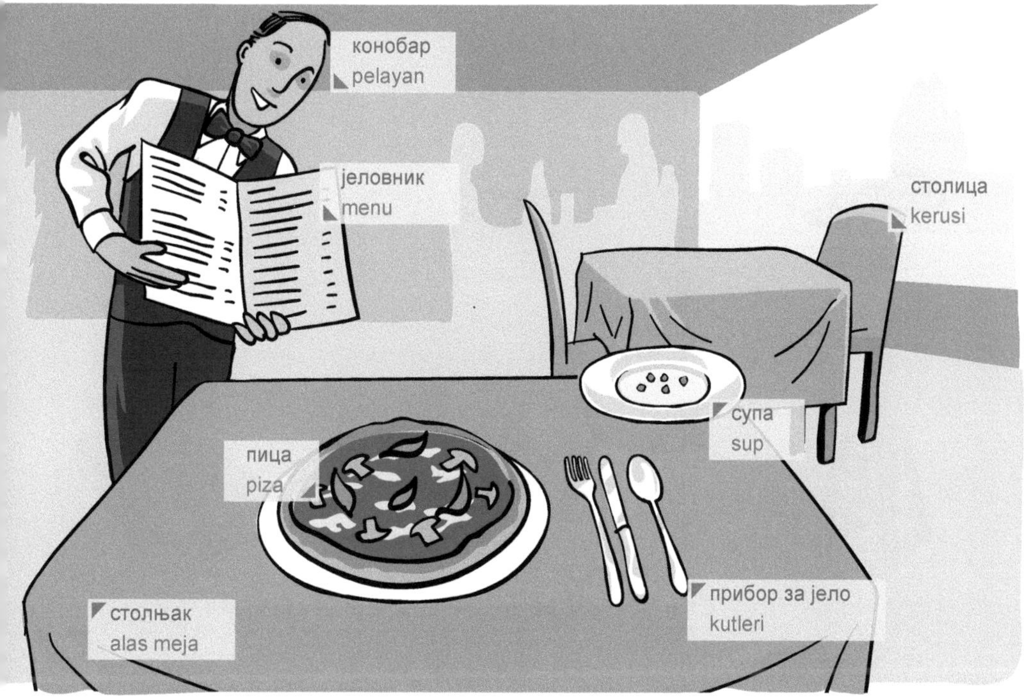

конобар
pelayan
јеловник
menu
столица
kerusi
супа
sup
пица
piza
прибор за јело
kutleri
столњак
alas meja

предјело

pemula

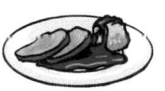

главно јело

hidangan utama

десерт

pencuci mulut

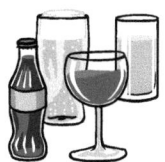

напитци

minuman

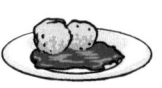

јело

makanan

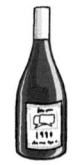

флаша

botol

брза храна

makanan segera

имбис храна

makanan jalanan

чајник

teko

доза за шећер

mangkuk gula

порција

bahagian

апарат за еспресо

mesin espreso

висока столица

kerusi tinggi

рачун

bil

послужавник

dulang

нож

pisau

виљушка

garfu

кашика

sudu

чајна кашика

sudu teh

салвета

serviette

чаша

gelas

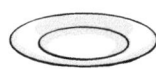

тањир

pinggan

тањир за супу

mangkuk sup

тањирић

piring

сос

sos

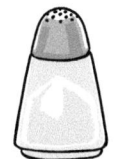

сољенка

tempat garam

млин за бибер

pengisar lada

сирће

cuka

уље

minyak

зачини

rempah

кечап

sos

сенф

mustard

мајонеза

mayones

супермаркет

pasar raya

понуда
tawaran istimewa
FOR
купац
pelanggan
млечни производи
tenusu
воће
buah-buahan
колица за куповину
troli

BUTCHERS

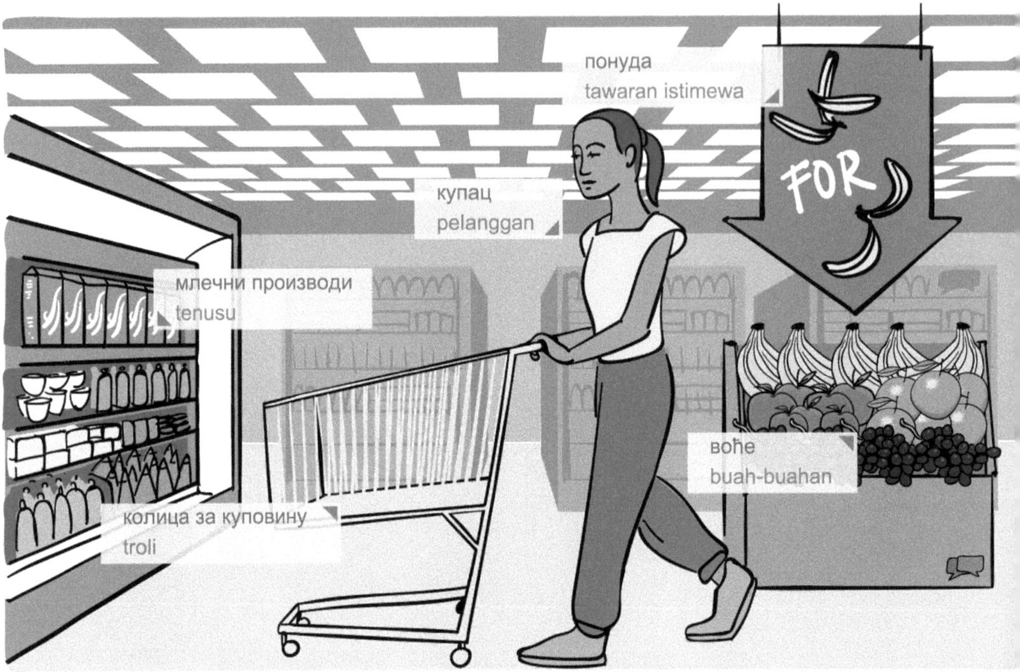

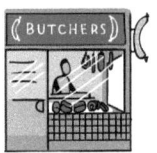

месница

tukang daging

BAKERY

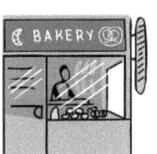

пекара

kedai roti

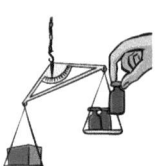

вагати

berat

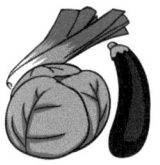

поврће

sayur-sayuran

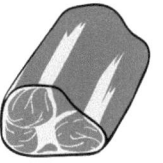

месо

daging

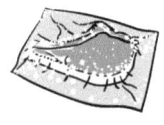

смрзнута храна

makanan sejuk beku

нарезак

daging sejuk

конзерве

makanan dalam tin

средство за прање

serbuk pencuci

слаткиши

gula-gula

артикли за домаћинство

produk isi rumah

средства за чишћење

produk pembersihan

продавачица

orang jualan

благајна

daftar tunai

благајник

juruwang

листа за куповину

senarai membeli-belah

време рада

waktu pembukaan

новчаник

beg duit

кредитна картица

kad kredit

торба

beg

пластична кеса

beg plastik

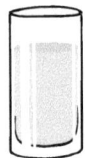

вода

air

сок

jus

млеко

susu

кола

kola

вино

wain

пиво

bir

алкохол

alkohol

какао

koko

чај

the

кава

kopi

еспресо

espreso

капућино

kapucino

банана

pisang

јабука

epal

наранџа

oren

лубеница

tembikai

лимун

lemon

шаргарепа

lobak merah

бели лук

bawang putih

бамбус

buluh

лук

bawang

гљива

cendawan

орашасти плодови

kacang

резанци

mi

шпагете

spageti

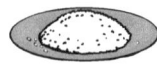

рижа

nasi

салата

salad

помфрит

kerepek

печени крумпир

kentang goreng

пица

piza

хамбургер

hamburger

сендвич

sandwic

шницла

kutlet

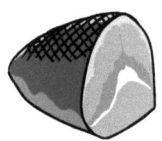

шунка

ham

салама

salami

кобасица

sosej

кокош

ayam

печење

panggang

риба

ikan

зобене пахуљице

bubur oat

мусли

muesli

кукурузне пахуљице

emping jagung

брашно

tepung

кроасан

kroisan

пециво

roti roll

хлеб

roti

тоаст

roti bakar

кекси

biskut

маслац

mentega

свежи сир

dadih

колач

kek

jaje

telur

jaje на око

telur goreng

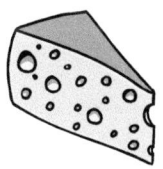

сир

keju

сладолед

ais krim

шећер

gula

мед

madu

мармелада

jem

нугат крема

krim nougat

кари

kari

сеоска кућа
rumah ladang

амбар
bangsal

бале сена
bandela jerami

поље
bidang

коњ
kuda

приколица
treler

ждребе
anak kuda

трактор
traktor

магарац
keldai

овца
biri-biri

лане
kambing

коза
kambing

крава
lembu

теле
anak lembu

свиња
babi

прасе
anak babi

бик
lembu

гуска

angsa

патка

itik

пилићи

anak ayam

кокош

ayam betina

петао

ayam jantan muda

пацов

tikus

мачка

kucing

миш

tikus

во

lembu jantan

пас

anjing

кућица за пса

rumah anjing

вртно црево

hos taman

канта за поливање

bekas siraman

коса

sabit

плуг

bajak

срп

sabit

мотика

cangkul

виљушка за ђубриво

serampang peladang

секира

kapak

тачке

kereta sorong

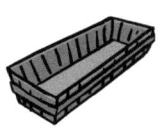

корито

palung

посуда за млеко

tin susu

вреħа

karung

ограда

pagar

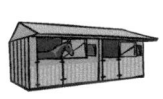

штала

stabil

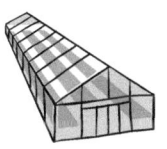

стакленик

rumah hijau

земља

tanah

семе

benih

ђубриво

baja

комбајн

jentuai

жети

tuai

жетва

menuai

јамс зачин

keladi

пшеница

gandum

соја

soya

кромпир

kentang

кукуруз

jagung

уљана репица

biji sawi

воћка

pokok buah-buahan

гомољ маниоке

ubi kayu

житарице

bijirin

кућа
rumah

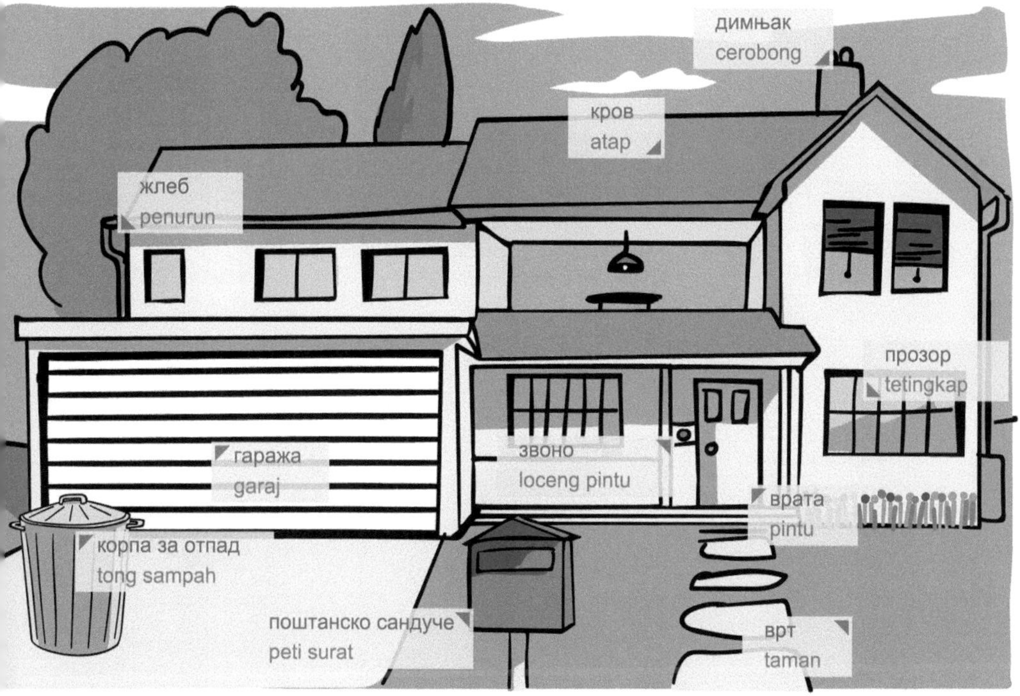

димњак
cerobong
кров
atap
жлеб
penurun
прозор
tetingkap
гаража
garaj
звоно
loceng pintu
врата
pintu
корпа за отпад
tong sampah
поштанско сандуче
peti surat
врт
taman

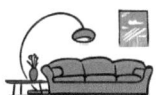

дневна соба

ruang tamu

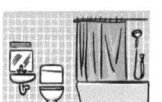

купаоница

bilik air

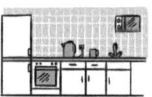

кухиња

dapur

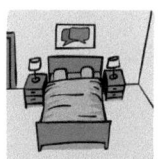

спаваћа соба

bilik tidur

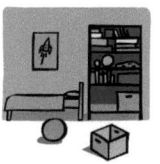

дечија соба

bilik kanak-kanak

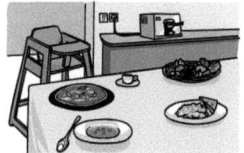

трпезарија

ruang makan

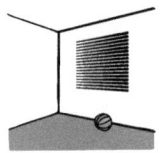

под

lantai

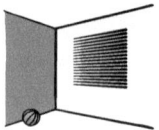

зид

dinding

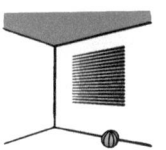

строп

siling

подрум

bilik bawah tanah

сауна

sauna

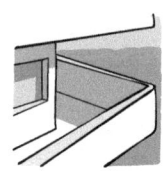

балкон

balkoni

тераса

teres

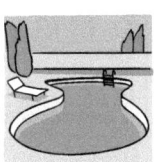

базен

kolam renang

косилица за траву

pemotong rumput

постељина за кревет

lembaran

дека за кревет

penutup tilam

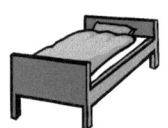

кревет

katil

метла

penyapu

канта

timba

прекидач

suis

дневна соба
ruang tamu

тапета
kertas dinding
слика
gambar
светиљка
lampu
регал
rak
ормар
kabinet
телевизија
televisyen
камин
pendiangan
цвет
bunga
јастук
kusyen
кауч
sofa
ваза
pasu
даљински управљач
alat kawalan jauh

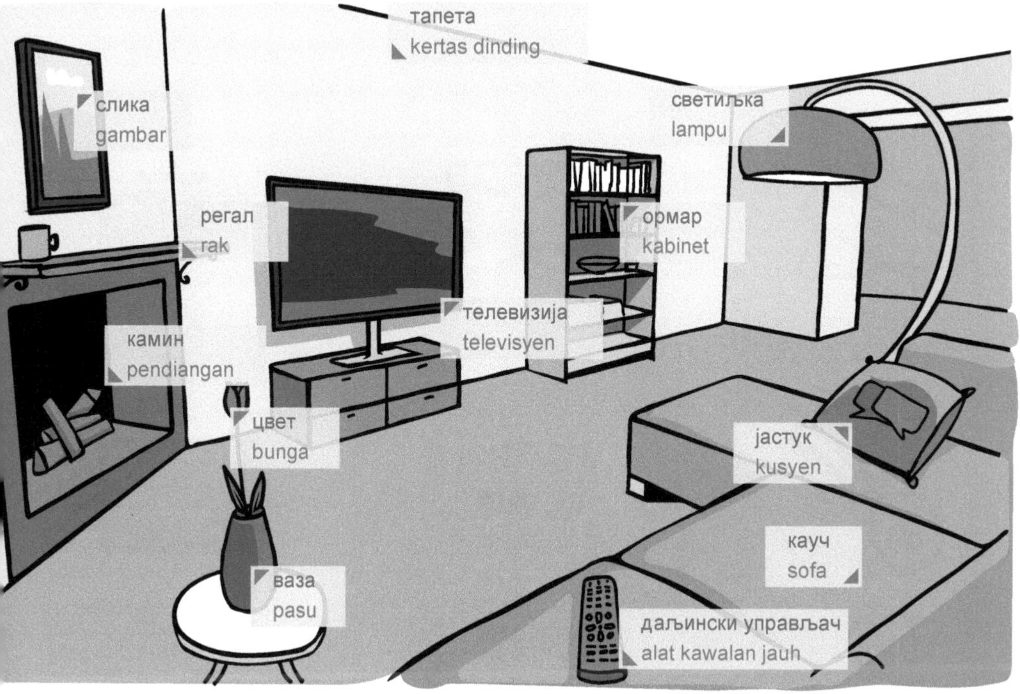

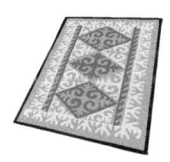

тепих

permaidani

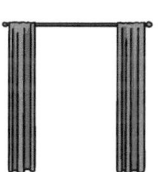

завеса

tirai

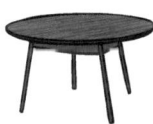

сто

meja

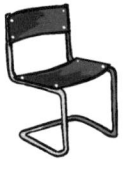

столица

kerusi

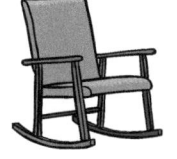

столица за њихање

kerusi malas

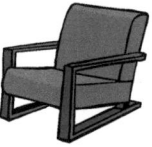

фотеља

kerusi

књига

buku

дека

selimut

декорација

hiasan

дрво за огрев

kayu api

филм

filem

хи-фи уређај

hi-fi

кључ

kunci

новине

akhbar

слика на платну

lukisan

постер

poster

радио

radio

блок за писање

buku catatan

усисивач

penyedut habuk

кактус

kaktus

свећа

lilin

кухиња
dapur

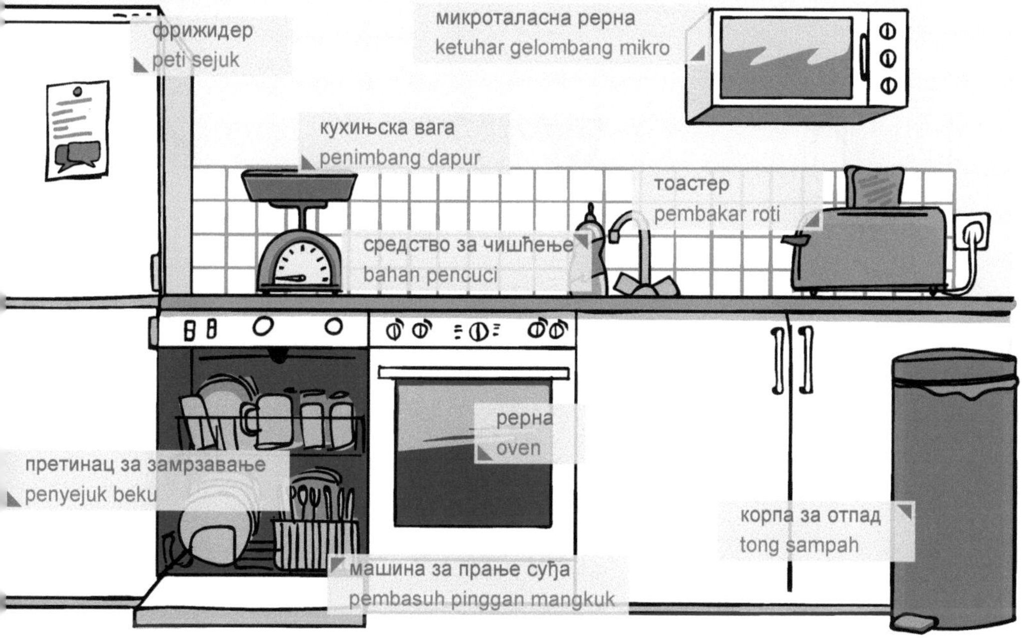
фрижидер
peti sejuk
микроталасна рерна
ketuhar gelombang mikro
кухињска вага
penimbang dapur
тоастер
pembakar roti
средство за чишћење
bahan pencuci
рерна
oven
претинац за замрзавање
penyejuk beku
корпа за отпад
tong sampah
машина за прање суђа
pembasuh pinggan mangkuk

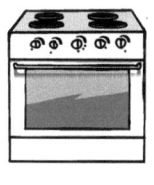

шпорет

periuk dapur

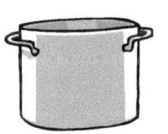

лонац

periuk

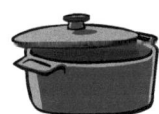

гвоздени лонац

periuk besi

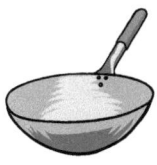

вок / кадаи

kuali

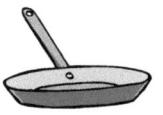

тава

pan

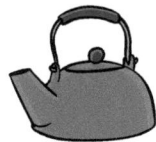

кувало за воду

cerek

кувало на пару

pengukus

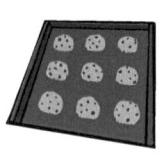

лим за печење

dulang pembakar

посуђе

pinggan mangkuk

чаша

koleh

посуда

mangkuk

штапићи за јело

penyepit

кутлача

senduk

лопатица

spatula

пењача

pengadun

сито за кување

penapis

сито

ayak

рибеж

pemarut

мужар

mortar

роштиљ

barbeku

огњиште

pembakaran terbuka

даска

papan pencincang

оклагија

pin golekan

вадичеп

skru gabus

конзерва

tin

отварач конзерви

pembuka tin

крпа за лонац

pemegang periuk

судопер

sinki

четка

berus

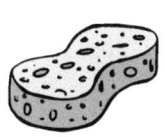

сунђер

span

миксер

pengisar

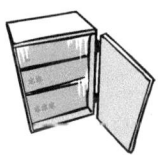

замрзивач

penyejuk beku

флашица за бебе

botol bayi

славина за воду

paip

купаоница
bilik air

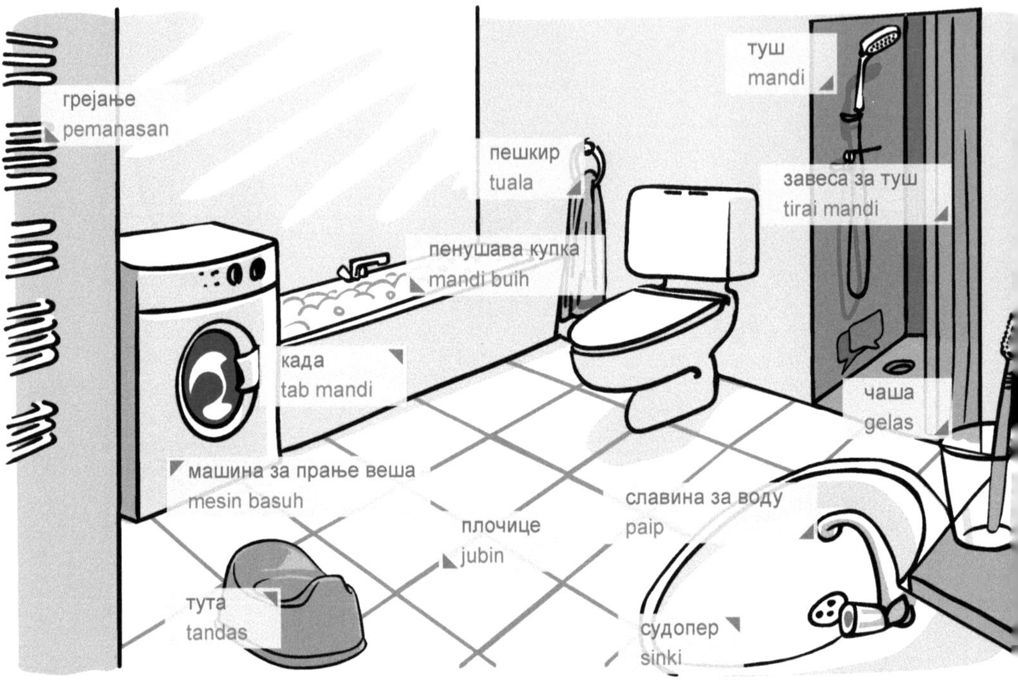

грејање
pemanasan
пешкир
tuala
туш
mandi
завеса за туш
tirai mandi
пенушава купка
mandi buih
када
tab mandi
чаша
gelas
машина за прање веша
mesin basuh
славина за воду
paip
плочице
jubin
тута
tandas
судопер
sinki

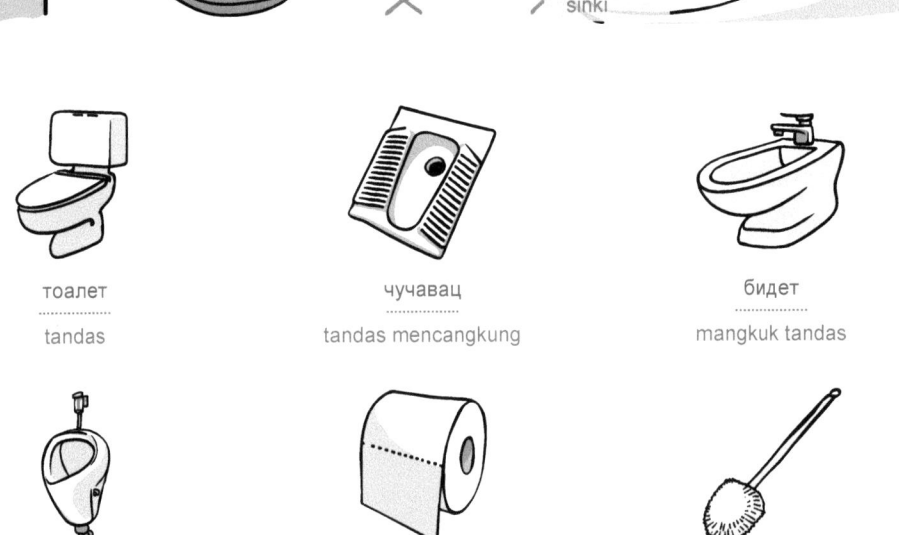

тоалет
tandas

чучавац
tandas mencangkung

бидет
mangkuk tandas

писоар
tandas awam

тоалетни папир
kertas tandas

четка за тоалет
berus tandas

четкица за зубе

berus gigi

паста за зубе

ubat gigi

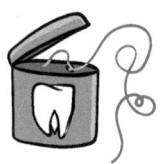

конац за зубе

flos gigi

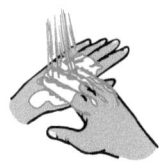

прати

cuci

туш ручица

mandian tangan

туш за прање интимних делова

pancuran

лавор

besen

четка за прање леђа

belakang berus

сапун

sabun

гел за туширање

gel mandian

шампон

syampu

крпа за прање

flanel

одвод

longkang

крема

krim

дезодоранс

deodoran

огледало

cermin

козметичко огледало

cermin tangan

бријач

pisau cukur

пена за бријање

busa cukur

лосион за после бријања

selepas cukur

чешаљ

sikat

четка

berus

фен за косу

pengering rambut

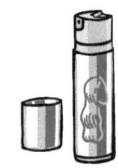

спреј за косу

semburan rambut

шминка

mekap

руж за усне

gincu

лак за нокте

varnis kuku

вата

bulu kapas

маказе за нокте

gunting kuku

парфем

pewangi

козметичка торбица

beg basuhan

столица

bangku

вага

skala berat

огртач

jubah mandi

рукавице за чишћење

sarung tangan getah

тампон

kapas

уложак

tuala wanita

хемијски тоалет

tandas kimia

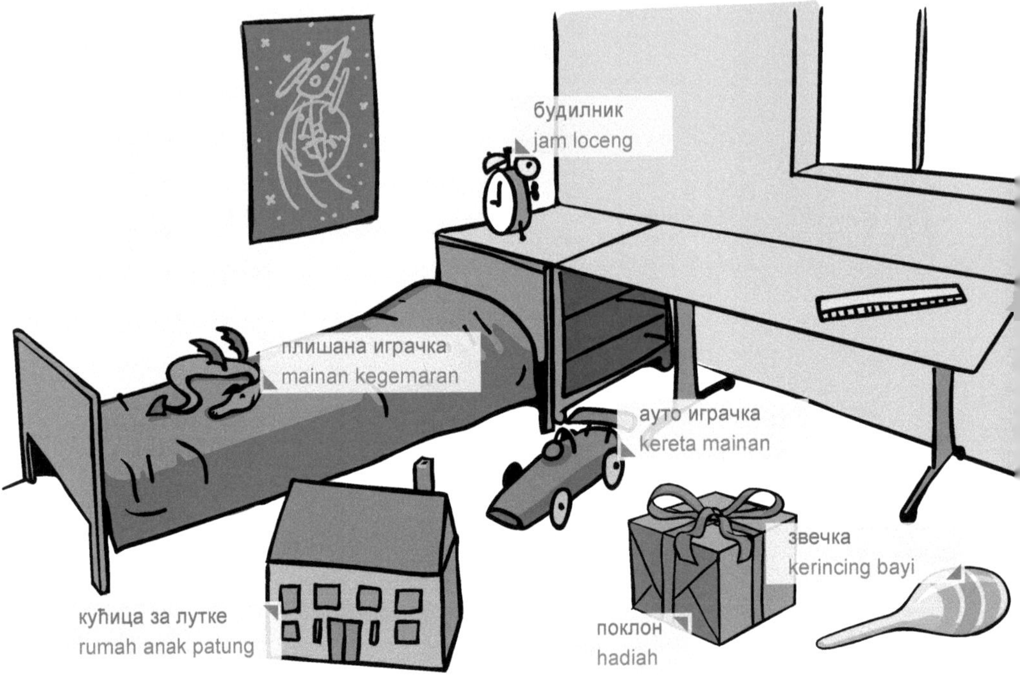

будилник
jam loceng

плишана играчка
mainan kegemaran

ауто играчка
kereta mainan

звечка
kerincing bayi

кућица за лутке
rumah anak patung

поклон
hadiah

балон

belon

кревет

katil

дјечија колица

kereta sorong bayi

игра са картама

set kad

слагалица

susun suai gambar

стрип

komik

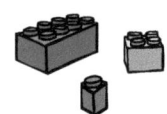

лего коцкице

batu bata lego

коцкице за слагање

blok mainan

акциони јунак

figura aksi

бенкица за бебе

baju bayi

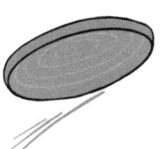

фризби

frisbee

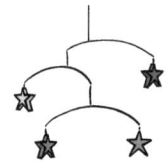

висеће играчке

mainan bayi mudah alih

друштвене игре

permainan papan

коцка

dadu

минијатурна жељезница

set model kereta api

дуда

palsu

забава

parti

сликовница

buku bergambar

лопта

bola

лутка

anak patung

играти

main

пешчаник

lubang pasir

љуљачка

buai

играчка

mainan

конзола за игре

konsol permainan video

трицикл

basikal roda tiga

теди

anak patung beruang

ормар

almari pakaian

одећа

pakaian

кратке чарапе

stoking

чарапе

stoking

хулахопке

ketat

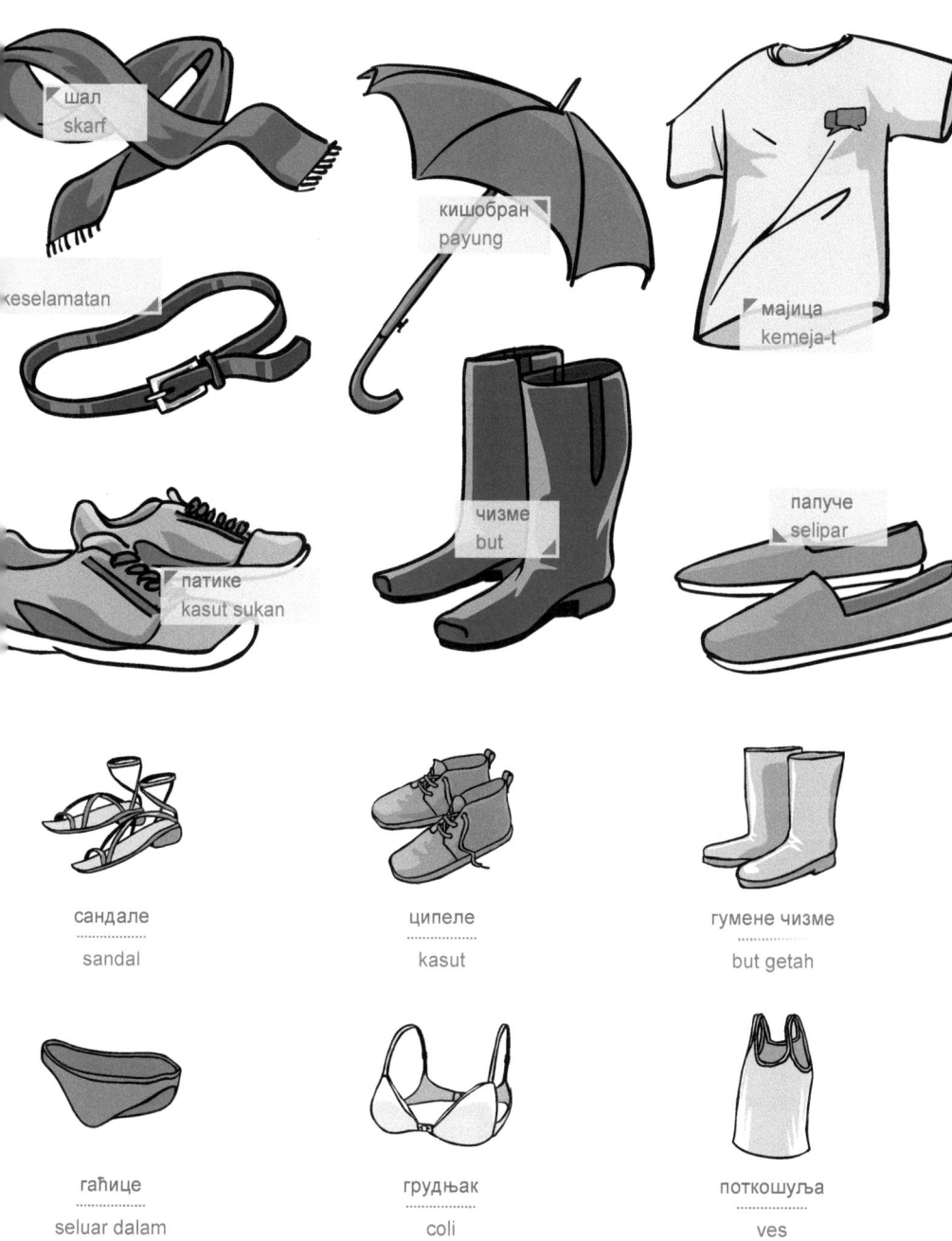

шал
skarf

кишобран
payung

мајица
kemeja-t

keselamatan

чизме
but

папуче
selipar

патике
kasut sukan

сандале
sandal

ципеле
kasut

гумене чизме
but getah

гаћице
seluar dalam

грудњак
coli

поткошуља
ves

боди

badan

панталоне

Seluar panjang

фармерке

jean

сукња

skirt

блуза

blaus

кошуља

kemeja

џемпер

baju panas sarung

џемпер с капуљачом

sweater

сако

blazer

јакна

jaket

мантил

kot

кабаница

baju hujan

костим

kostum

хаљина

pakaian

венчаница

baju pengantin

одело

sut

спаваћица

baju tidur

пиџама

baju tidur

сари

sari

марама за главу

skarf kepala

турбан

serban

бурка

burqa

кафтан

kaftan

абаја

abaya/jubah

купаћи костим

baju renang

купаће гаћице

seluar renang

кратке панталоне

seluar pendek

одећа за тренинг

sut balapan

кецеља

apron

рукавице

sarung tangan

дугме

butang

наочаре

cermin mata

наруквица

gelang tangan

огрлица

rantai leher

прстен

cincin

наушница

subang

капа

topi

вешалица

penyangkut kot

шешир

topi

кравата

tali leher

патент затварач

zip

кацига

topi keledar

нараменице

pendakap

школска униформа

uniform sekolah

униформа

seragam

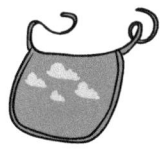

подбрадак

lapik dada

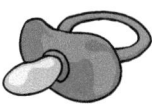

дуда

palsu

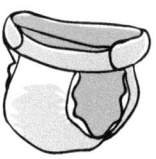

пелена

lampin

канцеларија
pejabat

сервер
pelayan
ормар за списе
kabinet fail
штампач
mesin pencetak
папир
kertas
монитор
monitor
миш
tetikus
писаћи стол
meja
мапа
folder
тастатура
papan kekunci
кошара за папир
bakul sampah
компјутер
komputer
столица
kerusi

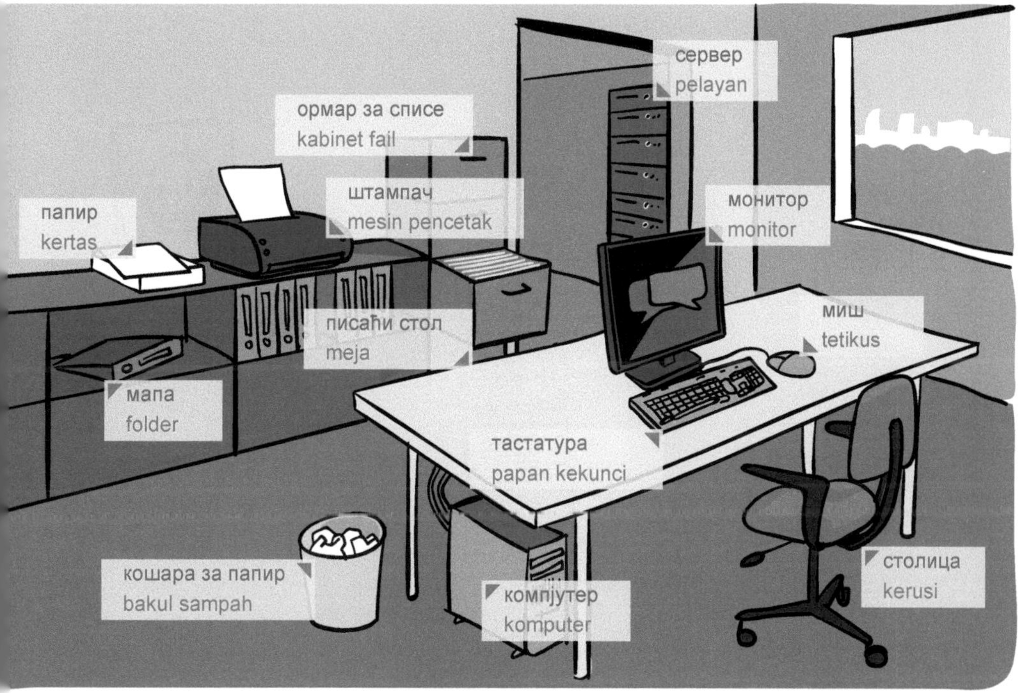

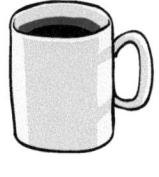

шалица за каву

cawan kopi

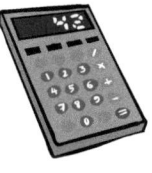

калкулатор

kalkulator

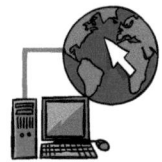

интернет

internet

лаптоп

komputer riba

писмо

surat

порука

mesej

мобилни телефон

mudah alih

мрежа

rangkaian

уређај за копирање

mesin fotokopi

софтвер

perisian

телефон

telefon

утичница

soket plag

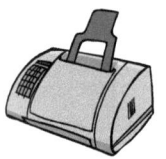

факс

mesin faks

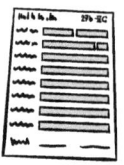

формулар

bentuk

документ

dokumen

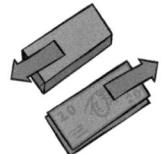

куповати

beli

платити

bayar

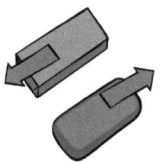

трговати

berdagang

новац

wang

долар

dolar

евро

euro

јен

yen

рубља

rubel

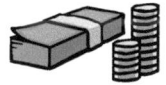

швајцарски франак

franc swiss

ренминдби јуан

renminbi yuan

рупија

rupee

аутомат за новац

mata tunai

мењачница

pejabat tukaran mata wang

злато

emas

сребро

perak

нафта

minyak

енергија

tenaga

цена

harga

уговор

kontrak

порез

cukai

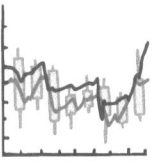

деонице

stok

радити

kerja

службеник

pekerja

послодавац

majikan

фабрика

kilang

продавница

kedai

занимања
pekerjaan

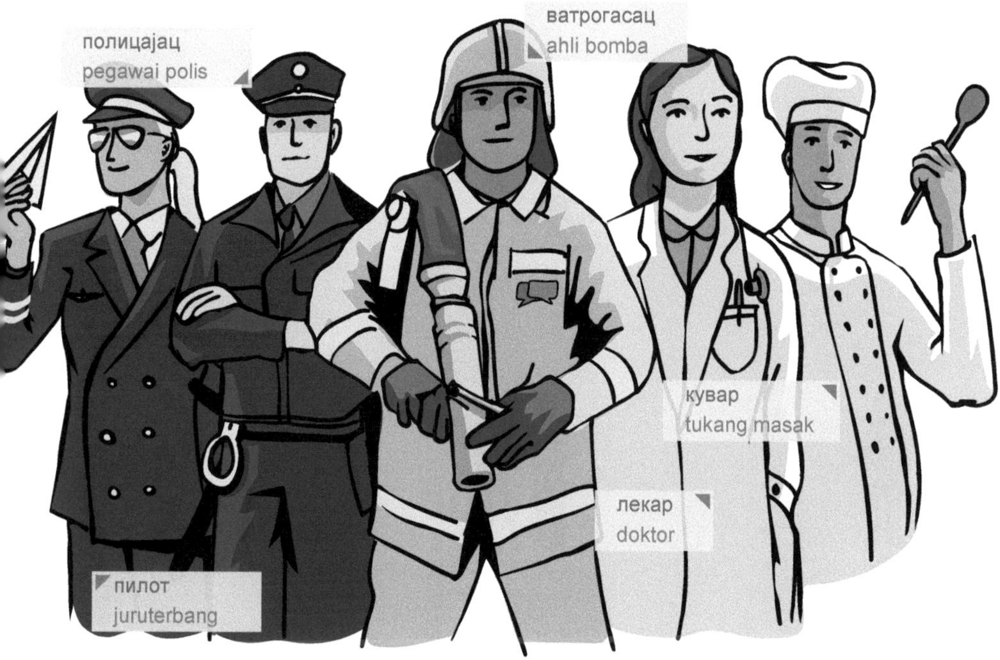
ватрогасац
ahli bomba
полицајац
pegawai polis
кувар
tukang masak
лекар
doktor
пилот
juruterbang

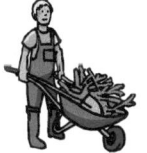

вртлар

tukang kebun

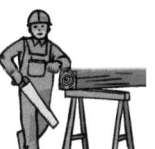

столар

tukang kayu

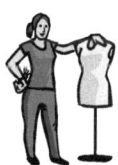

кројачица

tukang jahit

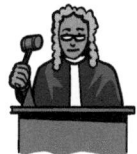

судија

hakim

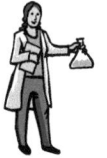

хемичар

ahli kimia

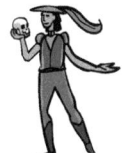

глумац

pelakon

возач аутобуса

pemandu bas

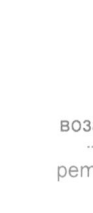

возач таксија

pemandu teksi

рибар

nelayan

чистачица

wanita pencuci

кровопокривач

kasau

конобар

pelayan

ловац

pemburu

сликар

pelukis

пекар

bakeri

електричар

juruelektrik

грађевински радник

pembangun

инжењер

jurutera

месар

penjual daging

лимар

tukang paip

поштар

posmen

војник
askar

архитекта
arkitek

благајник
juruwang

цвећар
kedai bunga

фризер
pendandan rambut

кондуктер
konduktor

механичар
mekanik

капетан
kapten

зубар
doktor gigi

научник
ahli sains

раби
tuhanku

имам
imam

монах
sami

свећеник
paderi

алати
alat

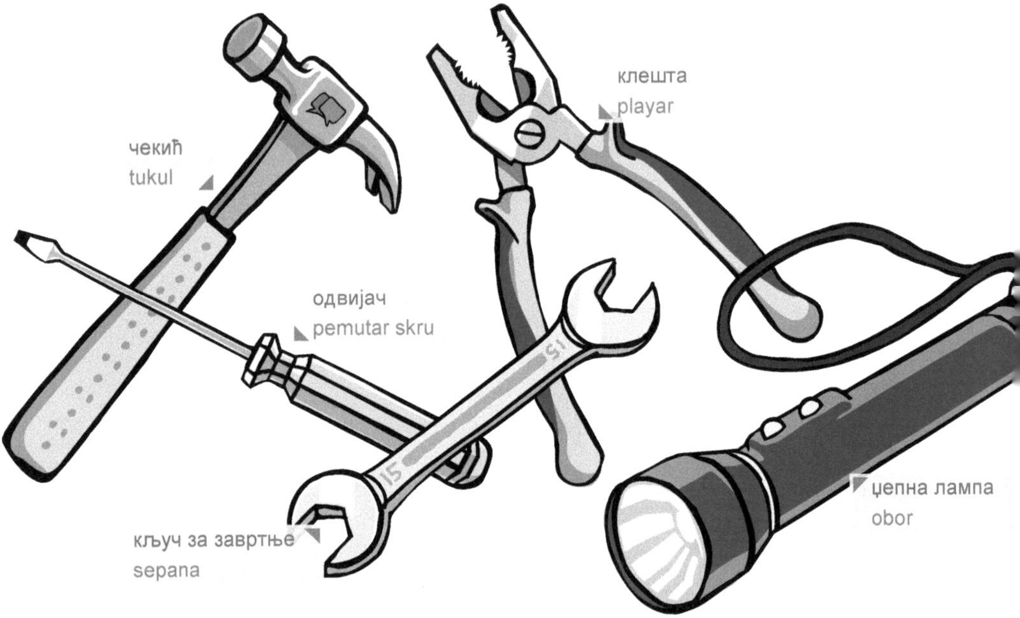
клешта
playar
чекић
tukul
одвијач
pemutar skru
цепна лампа
obor
кључ за завртње
sepana

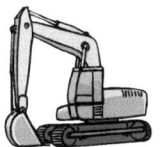

багер

pengorek

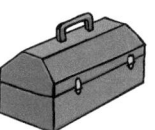

кутија за алат

kotak peralatan

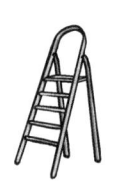

мердевине

tangga

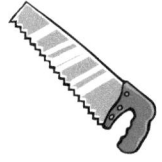

пила

gergaji

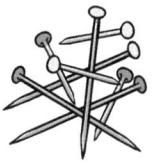

ексер

kuku

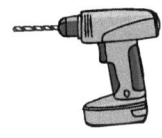

бушилица

gerudi

поправити
....
baiki

лопата
....
penyodok

до ђавола!
....
Celaka!

лопатица
....
penadah sampah

лонац за боју
....
periuk cat

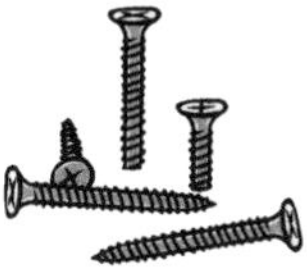

завртањи
....
skru

музички инструмент
alat muzik

звучник
pembesar suara

бубњеви
perangkat dram

контрабас
bass berganda

труба
trompet

гитара
gitar

клавир

piano

виолина

biola

бас

bass

тимпани

timpani

ударáљке за бубњеве

dram

типке клавира

papan kekunci

саксофон

saksofon

флаута

seruling

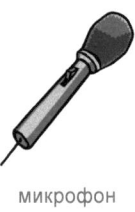

микрофон

mikrofon

зоолошки врт

zoo

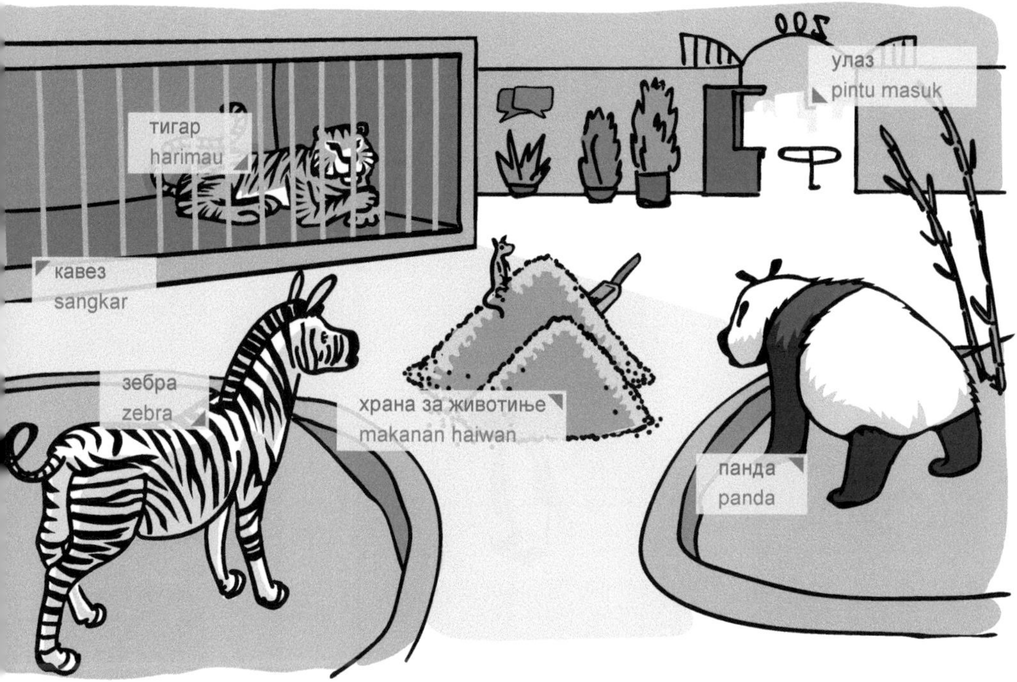
улаз
pintu masuk
тигар
harimau
кавез
sangkar
зебра
zebra
храна за животиње
makanan haiwan
панда
panda

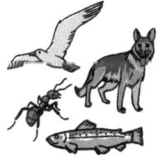

животиње
haiwan

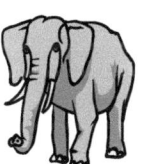

слон
gajah

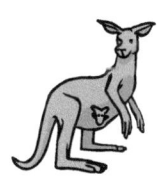

кенгур
kanggaru

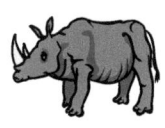

носорог
badak sumbu

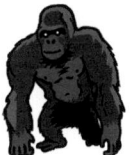

горила
gorila

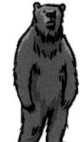

медвед
beruang

камила

unta

ној

burung unta

лав

singa

мајмун

monyet

фламинго

flamingo

папагај

nuri

поларни медвед

beruang kutub

пингвин

penguin

ајкула

yu

паун

merak

змија

ular

крокодил

buaya

чувар у зоолошком врту

penjaga zoo

туљан

anjing laut

јагуар

jaguar

пони

kuda

леопард

harimau

нилски коњ

badak air

жирафа

zirafah

орао

helang

дивља свиња

babi jantan

риба

ikan

корњача

penyu

морж

anjing laut

лисица

musang

газела

rusa

амерички ногомет
bola sepak Amerika

бициклизам
berbasikal

тенис
tenis

кошарка
bola keranjang

пливање
renang

бокс
tinju

хокеј на леду
hoki ais

фудбал

bola sepak

бадминтон

badminton

атлетика

olahraga

рукомет

bola baling

скијање

ski

поло

polo

смејати се
ketawa

скочити
lompat

загрлити
peluk

ићи
berjalan

певати
menyanyi

сањати
mimpi

молити се
berdoa

пољубити
cium

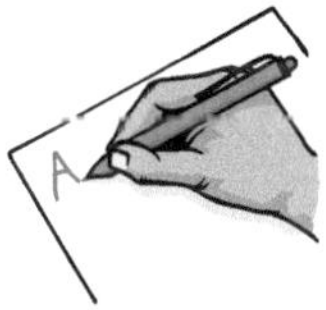

писати
tulis

цртати
lukis

показати
tunjuk

гурати
tolak

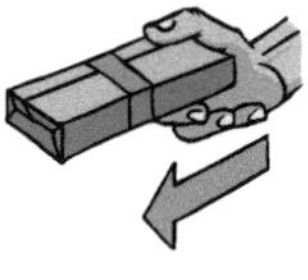

дати
beri

узети
ambil

имати

ada

чинити

buat

бити

ialah

стојати

berdiri

трчати

lari

повлачити

tarik

бацити

buang

падати

jatuh

лежати

tipu

чекати

tunggu

носити

bawa

седити

duduk

облачити

pakai

спавати

tidur

пробудити се

bangkit

гледати
lihat pada

плакати
menangis

миловати
strok

чешљати
sikat

говорити
cakap

разумети
faham

питати
tanya

слушати
dengar

пити
minum

јести
makan

поспремити
mengemas

волети
sayang

кухати
masak

возити
pandu

летети
terbang

пловити

belayar

рачунати

kira

читати

baca

учити

belajar

радити

kerja

венчати се

nikah

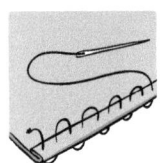

шити

jahit

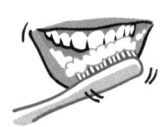

прати зубе

memberus gigi

убити

bunuh

пушити

asap

послати

hantar

породица
keluarga

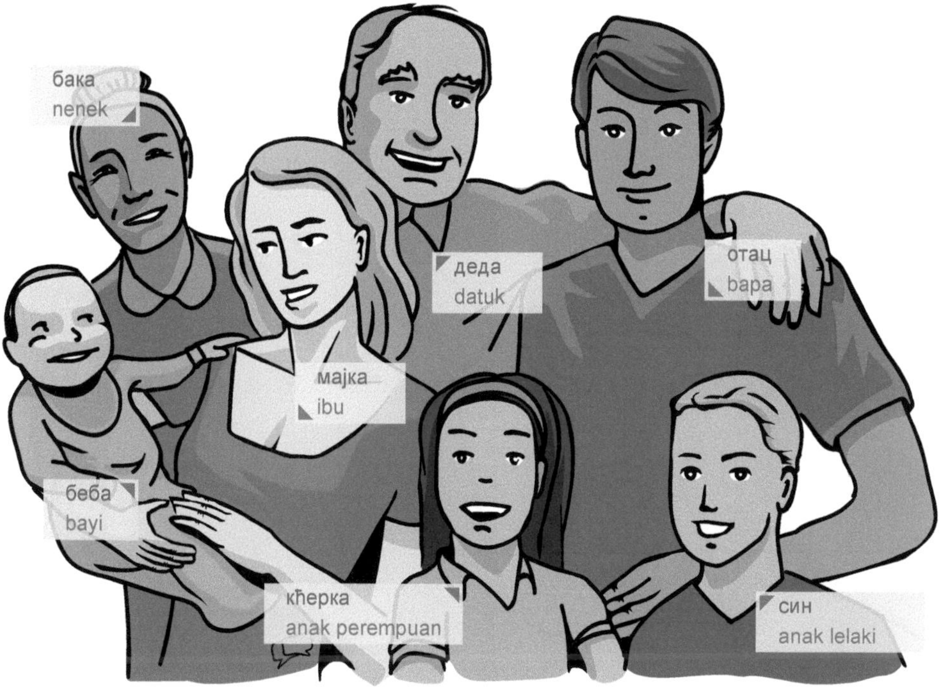

бака
nenek
деда
datuk
отац
bapa
мајка
ibu
беба
bayi
кћерка
anak perempuan
син
anak lelaki

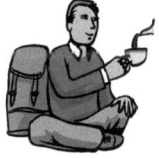

гост
tetamu

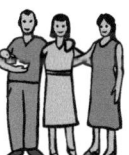

тетка
mak cik

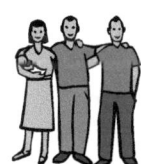

ујак, стриц
pak cik

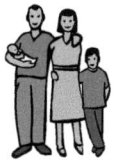

брат
abang

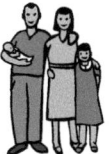

сестра
kakak

тело

badan

чело
dahi
око
mata
раме
bahu
прст
jari
лице
muka
брада
dagu
рука
tangan
нога
kaki
груди
dada
рука
lengan

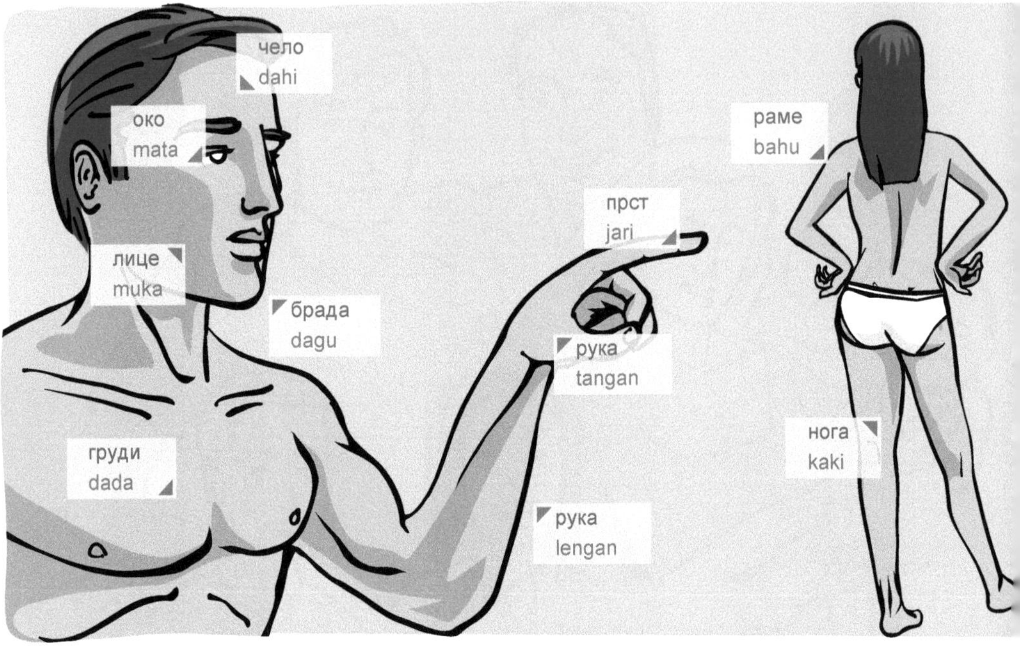

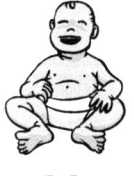

беба

bayi

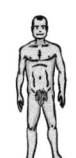

мушкарац

lelaki

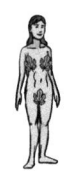

жена

wanita

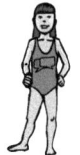

девојчица

perempuan

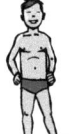

дечак

lelaki

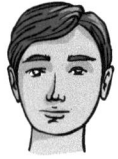

глава

kepala

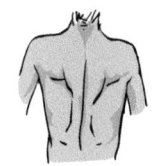

леђа

belakang

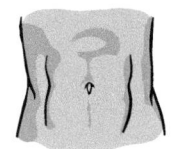

стомак

bawah perut

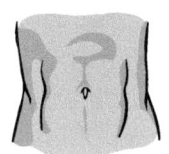

пупак

pusat

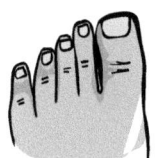

ножни прст

jari kaki

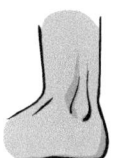

пета

tumit

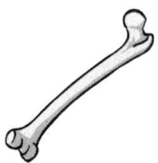

кост

tulang

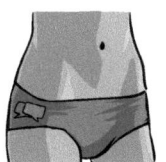

кукови

pinggul

колено

lutut

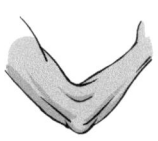

лакат

siku

нос

hidung

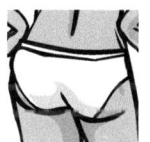

задњица

bawah

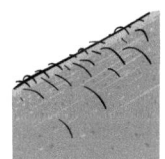

кожа

kulit

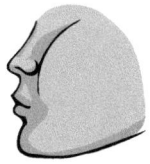

образ

pipi

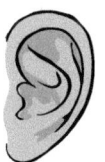

уво

telinga

усна

bibir

тело - badan

уста

mulut

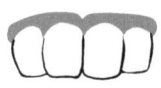

зуб

gigi

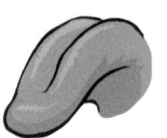

језик

lidah

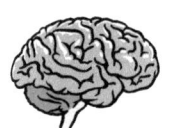

мозак

otak

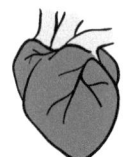

срце

hati

мишић

otot

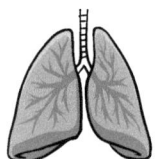

плућа

paru-paru

јетра

hati

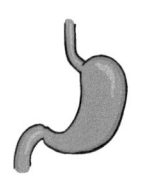

желудац

perut

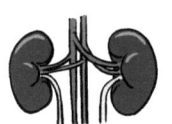

бубрези

buah pinggang

полни однос

seks

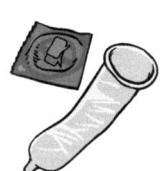

кондом

kondom

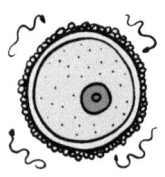

јајна ћелија

faraj

сперма

mani

трудноћа

mengandung

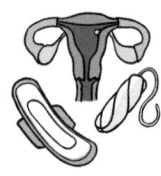

менструација
haid

вагина
faraj

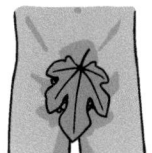

пенис
penis

обрва
kening

коса
rambut

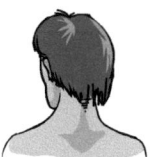

врат
leher

болница

hospital

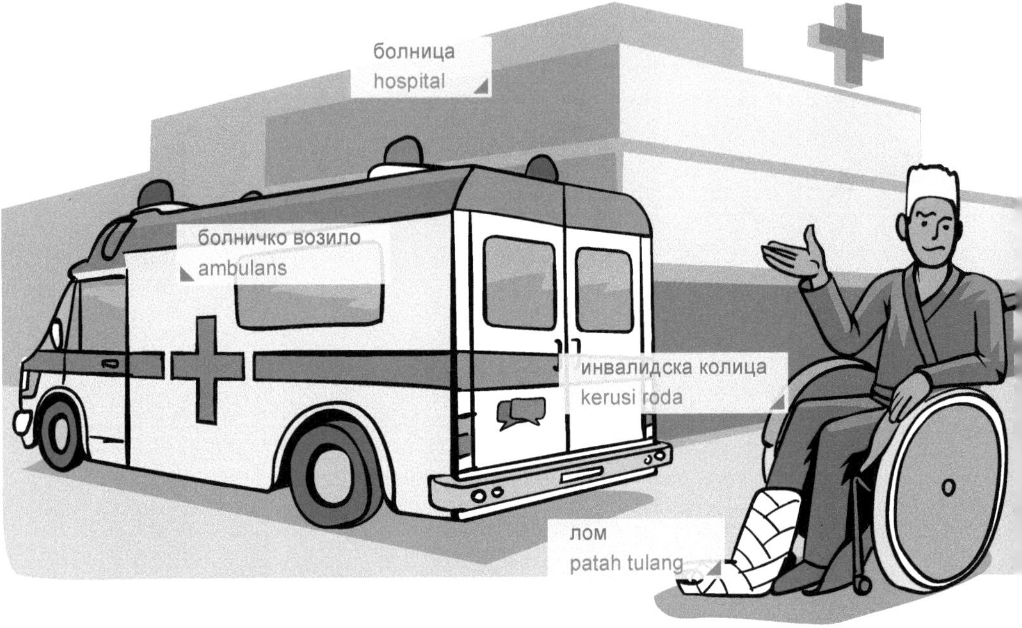

болница
hospital
болничко возило
ambulans
инвалидска колица
kerusi roda
лом
patah tulang

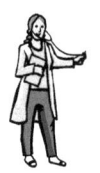

лекар

doktor

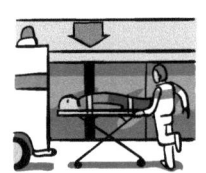

хитна медицинска служба

bilik kecemasan

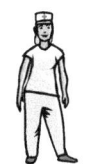

медицинска сестра

jururawat

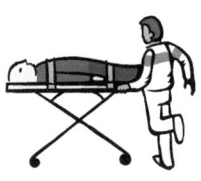

хитни случај

kecemasan

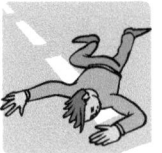

несвест

tak sedar

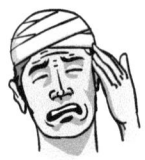

бол

sakit

повреда

kecederaan

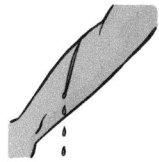

крварење

pendarahan

срчани удар

serangan jantung

удар

strok

алергија

alergi

кашаљ

batuk

грозница

demam

грипа

selesema

пролив

cirit-birit

главобоља

sakit kepala

рак

kanser

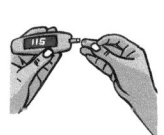

дијабетес

diabetes

хирург

pakar bedah

скалпел

pisau bedah

операција

pembedahan

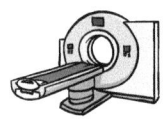

цт

CT

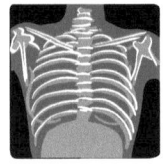

рентген

x-ray

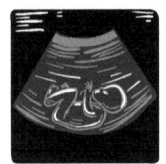

ултразвук

ultrabunyi

маска

topeng muka

болест

penyakit

чекаона

bilik menunggu

штака

penongkat

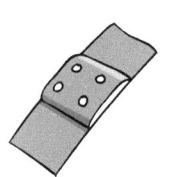

фластер

plaster

завој

pembalut

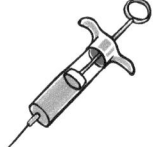

ињекција

suntikan

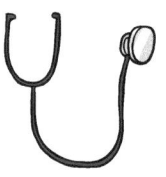

стетоскоп

stetoskop

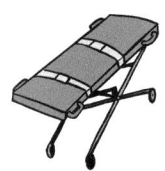

носила

pengusung

термометар

termometer klinik

рођење

kelahiran

прекомерна тежина

berat badan berlebihan

слушни апарат

alat pendengaran

средство за дезинфекцију

disinfektan

инфекција

jangkitan

вирус

virus

хив / аидс

HIV / AIDS

медицина

perubatan

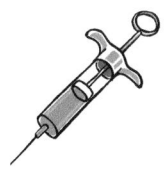

вакцинација

vaksinasi

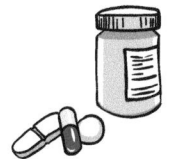

таблете

tablet

пилула

pil

хитни позив

panggilan kecemasan

уређај за мерење притиска

pantau tekanan darah

болесно / здраво

sakit / sihat

kecemasan

помоћ!

Tolong!

аларм

penggera

насртај

serang

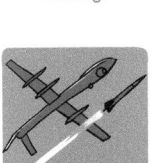

напад

serangan

опасност

bahaya

излаз у случају нужде

pintu kecemasan

пожар!

Api!

противпожарни апарат

alat pemadam api

незгода

kemalangan

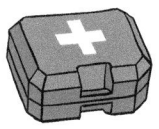

кутија прве помоћи

alat pertolongan cemas

сос

SOS

полиција

polis

Европа

Eropah

Северна Америка

Amerika Utara

Јужна Америка

Amerika Selatan

Африка

Afrika

Азија

Asia

Аустралија

Australia

Атлантик

Atlantic

Пацифик

Pasifik

Индијски океан

Lautan Hindi

Антарктички океан

Lautan Antartik

Арктички океан

Lautan Artik

Северни рол

Kutub utara

Јужни рол

Kutub Selatan

Антарктик

Antartika

земља

bumi

земља

tanah

море

laut

оток

pulau

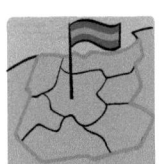

нација

negara

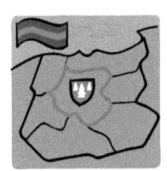

држава

negeri

земља - bumi

бројчаник сата

muka jam

сатна казаљка

tangan jam

минутна казаљка

tangan minit

секундна казаљка

terpakai

Колико је сати?

Jam berapa sekarang

дан

hari

време

masa

сада

sekarang

дигитални сат

jam digital

минута

minit

час

jam

понедељак
Isnin

среда
Rabu

петак
Jumaat

уторак
Selasa

четвртак
Khamis

субота
Sabtu

недеља
Ahad

jуче
semalam

данас
hari ini

сутра
esok

jутро
pagi

подне
tengah hari

вече
petang

MO	TU	WE	TH	FR	SA	SU
1	2	3	4	5	6	7
8	9	10	11	12	13	14
15	16	17	18	19	20	21
22	23	24	25	26	27	28
29	30	31	1	2	3	4

радни дани
hari kerja

MO	TU	WE	TH	FR	SA	SU
1	2	3	4	5	6	7
8	9	10	11	12	13	14
15	16	17	18	19	20	21
22	23	24	25	26	27	28
29	30	31	1	2	3	4

викенд
hari minggu

година
tahun

киша
hujan
дуга
pelangi
снег
salji
ветар
angin
пролеће
musim bunga
јесен
musim luruh
лето
musim panas
зима
musim salji

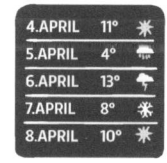

4.APRIL 11°
5.APRIL 4°
6.APRIL 13°
7.APRIL 8°
8.APRIL 10°

етеоролошка прогноза

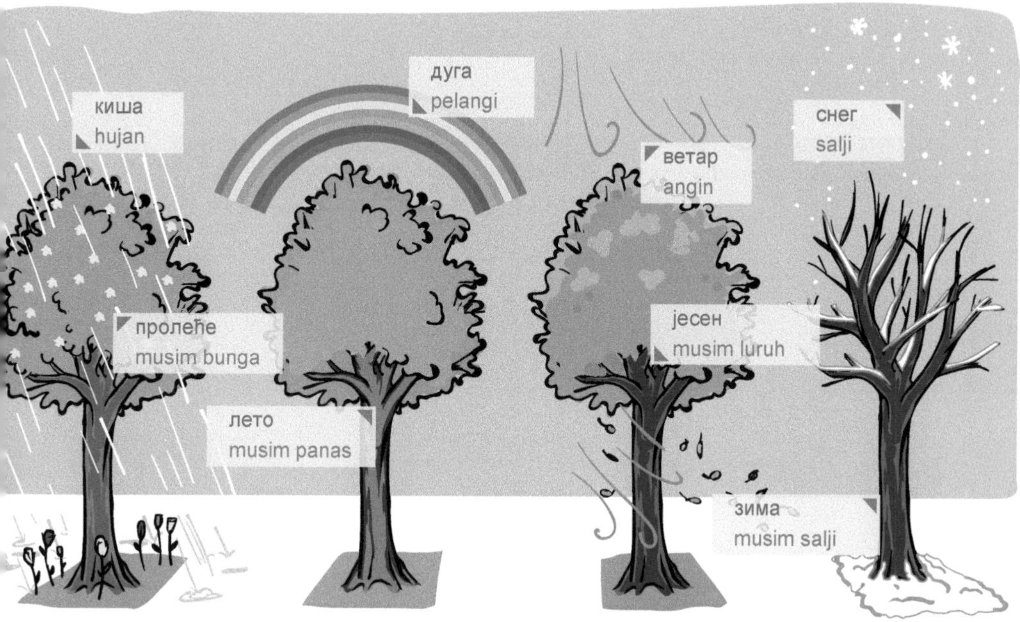

ramalan cuaca

F
120
90
60
30
0
-30
C
40
30
20
10
0
-10
-20

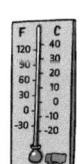

термометар

termometer

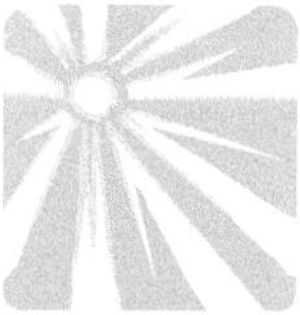

сунчана светлост

sinar matahari

облак

awan

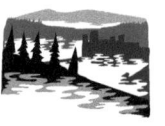

магла

kabus

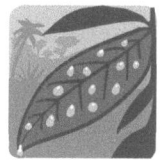

влажност ваздуха

lembapan

муња

kilat

грмљавина

petir

олуја

ribut

туча

hujan batu

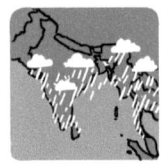

монсун

monsun

поплава

banjir

лед

ais

јануар

Januari

фебруар

Februari

март

Mac

април

April

мај

Mei

јуни

Jun

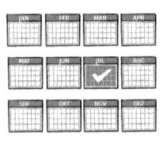

јули

Julai

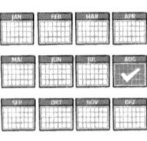

август

Ogos

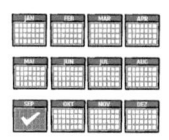

септембар
....
September

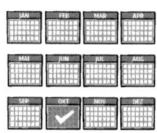

октобар
....
Oktober

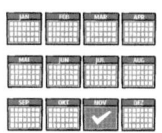

новембар
....
November

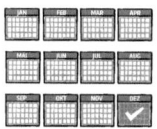

децембар
....
Disember

круг
....
bulatan

квадрат
....
petak

правоугао
....
segi empat tepat

троугао
....
segitiga

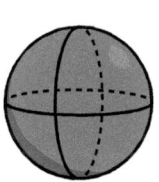

кугла
....
sfera

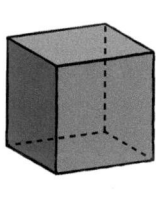

коцка
....
kiub

бела

putih

жута

kuning

наранџаста

oren

ружичаста

merah jambu

црвена

merah

љубичаста

ungu

плава

biru

зелена

hijau

смеђа

coklat

сива

kelabu

црна

hitam

много / мало

banyak / sedikit

љутито / мирно

marah / tenang

лепо / ружно

cantik / hodoh

почетак / крај

bermula / tamat

велико / малено

besar kecil

светло / тамно

terang / gelap

брат / сестра

abang / kakak

чисто / прљаво

bersih / kotor

потпуно / непотпуно

lengkap / tidak lengkap

дан / ноћ

hari / malam

мртво / живо

mati / hidup

широко / уско

luas / sempit

јестиво / нејестиво

boleh dimakan / tidak boleh dimakan

зло / добро

jahat / baik

узбуђено / досадно

teruja / bosan

дебело / мршаво

gemuk / kurus

на почетку / на крају

pertama / terakhir

пријатељ / непријатељ

kawan / musuh

пуно / празно

penuh / kosong

тврдо / мекано

keras / lembut

тешко / лагано

berat / ringan

глад / жеђ

lapar / dahaga

болесно / здраво

sakit / sihat

илегално / легално

menyalahi undang-undang / undang-undang

паметно / глупо

pintar / bodoh

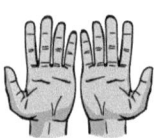

лево / десно

kiri / kanan

близу / далеко

dekat / jauh

ново / половно

baru / lama

ништа / нешто

tiada / sesuatu

старо / младо

tua / muda

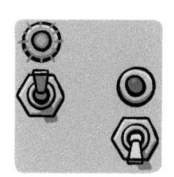

укључено / искључено

hidup / mati

отворено / затворено

terbuka / tertutup

тихо / гласно

diam / bising

богато / сиромашно

kaya / miskin

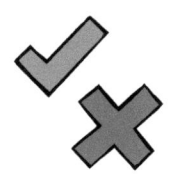

тачно / погрешно

betul / salah

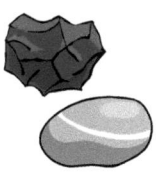

храпаво / глатко

kasar / halus

тужно / сретно

sedih / gembira

кратко / дуго

pendek / panjang

полако / брзо

lambat / laju

мокро / сухо

basah / kering

топло / хладно

panas / sejuk

рат / мир

berperang / berdamai

0

нула

sifar

1

један

satu

2

два

dua

3

три

tiga

4

четири

empat

5

пет

lima

6

шест

enam

7

седам

tujuh

8

осам

lapan

9

девет

sembilan

10

десет

sepuluh

11

једанаест

sebelas

12

дванаест

dua belas

13

тринаест

tiga belas

14

четрнаест

empat belas

15

петнаест

lima belas

16

шестнаест

enam belas

17

седамнаест

tujuh belas

18

осамнаест

lapan belas

19

деветнаест

Sembilan belas

20

двадесет

dua puluh

100

стотину

ratus

1.000

хиљаду

ribu

1.000.000

милион

juta

bahasa-bahasa

енглески

Bahasa Inggeris

амерички енглески

Bahasa Inggeris Amerika

мандарински кинески

Bahasa Cina Mandarin

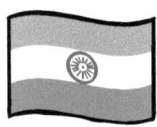

хиндски

Bahasa Hindi

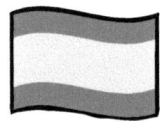

шпански

Bahasa Sepanyol

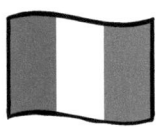

француски

Bahasa Perancis

арапски

Bahasa Arab

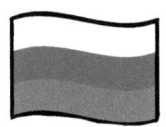

руски

Bahasa Rusia

португалски

Bahasa Portugis

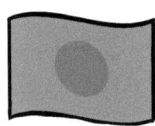

бенгалски

Bahasa Benggali

немачки

Bahasa Jerman

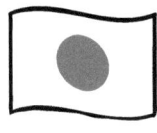

јапански

Bahasa Jepun

ја
saya

ти
anda

он / она / оно
dia / dia / ia

ми
kita

ви
anda

они
mereka

Ко?
siapa?

Шта?
apa?

Како?
bagaimana?

Где?
di mana?

Када?
bila?

име
nama

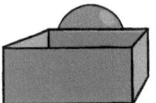

иза

belakang

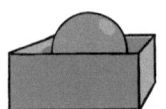

у

dalam

испред

di hadapan

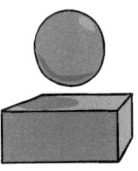

преко

lebih

на

pada

испод

di bawah

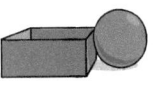

поред

bersebelahan

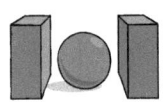

између

antara

место

tempat